Soul of Tokio

30 ERLEBNISSE

VON FANY UND AMANDINE PÉCHIODAT
CO-AUTORIN: IWONKA BANCEREK
MIT ILLUSTRATIONEN VON KANAKO KUNO

JONGLEZ VERLAG

Reiseführer

鰹
鰆
鯛

„DER GESCHMACK JAPANS
IST DER GESCHMACK
EINES REISKORNS.

MAN BEISST *VORSICHTIG*
HINEIN.

UND HÖRT DANN
AUF SEIN HERZ.“

FRANÇOIS SIMON

WAS SIE IN DIESEM REISEFÜHRER **NICHT FINDEN**

- die Handynummer der Touristeninformation von Tokio
- die japanische Übersetzung für „Ich möchte eine Fahrkarte kaufen"
- eine Liste der Medikamente, die Sie mit auf die Reise nehmen

WAS SIE IN DIESEM REISEFÜHRER **FINDEN**

- die Handynummer des besten Sushi-Restaurants der Stadt
- die japanische Übersetzung für „Ich möchte ein Waldbad nehmen"
- den Cocktail Ihres Lebens
- einen Restaurant-Geheimtipp in Shibuya
- einen hinter einem Floristen versteckten Teesalon
- ein botanisches Sento
- die beste Kopfmassage
- die kleinste Buchhandlung der Welt

DIE SYMBOLE VON **SOUL OF TOKIO**

< 40 Euro

40 bis 80 Euro

> 80 Euro

Besitzer sprechen kein Englisch. Bitten Sie Ihr Hotel (oder Ihre japanischen Freunde), für Sie zu reservieren

100 % traditionelles Japan

Noch besser, wenn man verliebt ist

Um es Ihnen leichter zu machen, Ihr Ziel zu erreichen, sind alle Adressen auch auf Japanisch angegeben. Zeigen Sie sie Ihrem Taxifahrer.

Informieren Sie sich zur Sicherheit vor dem Besuch der hier vorgestellten Orte im Internet über die aktuell geltenden Öffnungszeiten.

UND SO FUNKTIONIERT **DIESER REISEFÜHRER**

EINE STADT UNTER DEM RADAR

+

AUSSERGEWÖHNLICHE BEGEGNUNGEN
(ein Teemeister, eine Frau, die Gefühle kreiert,
ein Sternekoch und Sohn einer Geisha)

+

HUNDERTE GETESTETE ADRESSEN

–

VIELE ZU BEKANNTE UND DESHALB VERWORFENE ADRESSEN

+

ENTDECKUNG VON UNBEKANNTEM NACH GEFÜHL

+

TAUSENDE VERSPEISTE SUSHIS

+

LITERWEISE GRÜNER TEE

+

EINE IN TOKIO GEBORENE ILLUSTRATORIN

+

VIELE KILOMETER ZU FUSS DURCH DIE STRASSEN DER STADT

–

EINIGE SACKGASSEN

=

Die 30 besten Adressen von Tokio

30 ERLEBNISSE

5
7
17
22
24
新宿
Shinjuku
千代田
Chiyoda
29
20
8
18
4
6
2
3
15
港
Minato
13
12
9
1
10
26
東京
TOKYO
Kanako
品川
Shinagawa
30

#01

DER COCKTAIL **IHRES LEBENS**

Wer einen Cocktail bei Gen Yamamoto trinkt, glaubt, noch nie zuvor einen Cocktail getrunken zu haben.

In der winzigen Bar mit ihren acht Plätzen wohnt man in klösterlicher Stille einer einzigartigen Zeremonie bei: einer minutiösen Prozession sorgfältig ausgeführter Gesten – vom andächtigen Schneiden der Yuzu über das Entkleiden der Tomate bis hin zur Dosierung von Gin und Sake mit der Präzision eines verschrobenen Wissenschaftlers.

Mandarine, Milch-Wodka und japanische Bohnen, Passionsfrucht, Whisky aus Kyoto: In Form von sechs Cocktails erlebt man verblüffende Begegnungen. So denkwürdig wie unerwartet.

GEN YAMAMOTO
ANNIVERSARY BUILDING 1F
1-6-4 AZABU-JUBAN, MINATO-KU

東京都港区麻布十番1-6-4
アニバーサリービル1F

Reservierung per E-Mail
office@genyamamoto.jp
www.genyamamoto.jp
+81 3-6434-0652

4 Cocktails: 5.500 Yen
6 Cocktails: 7.500 Yen

#02

EIN TEESALON **INMITTEN VON BLUMEN**

Auf den ersten Blick mutet das Gebäude wie ein netter kleiner Blumenladen für die Bewohner dieses Viertels an. Hinter den Sträußen unter dem Dach eines Gewächshauses verbirgt sich jedoch ein ruhiger, gemütlicher Teesalon. Die Bedienungen tragen Floristenschürzen aus Leinen und versorgen die Gäste mit Tee von morgens frisch geschnittenen Kräutern. Der ideale Ort für eine kleine Pause zwischen zwei eiligen Einkäufen.

AOYAMA FLOWER MARKET TEA HOUSE
5-1-2 MINAMI-AOYAMA, MINATO-KU

東京都港区南青山5-1-2

Reservierung empfohlen
+81 3-3400-0887

afm-teahouse.com/aoyama

AOYAMA FLOWER MARKET TEA HOUSE

AOYAMA
FLOWER
MARKET
TEA HOUSE
AOYAMA
FLOWERMARKET
TEA
TEA
HOUSE
HOUSE

#03

DER BESTE CONCEPT STORE **VON TOKIO**

Wenn Ihnen der Pariser Concept Store Merci gefällt, werden Sie den Concept Store des außergewöhnlichen japanischen Labels Minä Perhonen lieben.

Vor einem Jahr im Stadtteil Omotesando eröffnet, gleicht Call (Wortschöpfung aus „Creation" und „All") einem fröhlichen Haus, in dem drei Generationen unter einem Dach zusammenarbeiten: Die jüngste Verkäuferin ist 20, die älteste 83 Jahre alt. Minä schlägt in seinen Stores gerne eine Brücke zwischen den Generationen und stellt häufig Rentner ein, die sich noch nicht zur Ruhe setzen möchten. Beim Gang durch die Räume von Call entdeckt man verschiedenste Dinge wie ein Lebensmittelgeschäft, ein Restaurant mit Terrasse oder einen Stoffladen.

CALL
(Eingang über das Gebäude Spiral, dann mit dem linken Aufzug in den 5. Stock)
5-6-23 MINAMI-AOYAMA,
MINATO-KU

東京都港区南青山5-6-23
SPIRAL5階

+81 3-6825-3733

mp-call.jp

CALL

#04

EIN VERBORGENES **RESTAURANT IN SHIBUYA**

Große Romantiker verlieben sich dreimal am Tag. Yuri Nomura bei jeder Mahlzeit. Ihre schönste Liebesgeschichte ist das Essen. Yuri Nomura hat in England studiert und in den Küchen von Paris und San Francisco (in dem berühmten Restaurant „Chez Panisse" von Alice Waters) Töpfe gespült, um schließlich zurückzukehren nach Tokio und dort ihr eigenes Restaurant Eatrip zu eröffnen, eine kleine, verborgene Oase inmitten des lebhaften Trubels von Shibuya. An großen Holztischen unter einem Glasdach, das den Blick auf den Himmel öffnet, erwarten einen hier einfache Gerichte voller Farbe und Gefühl, zubereitet mit regionalen und saisonalen Bio-Zutaten. Ihre Inspiration? Die Küche ihrer Kindheit, Gerichte, die Erinnerungen und Gefühle wecken. Ein Besuch in Tokio, ohne hier zu Abend gegessen zu haben, ist verboten.

EATRIP
1F 6-31-10 JINGUMAE
SHIBUYA-KU

東京都渋谷区神宮前6-31-10

Reservierung erforderlich
+81 3-3409-4002
shibuya@mail.com

restaurant-eatrip.com

- YURI NOMURA -

KÖCHIN MIT GEFÜHL

Fasziniert von der Verbindung zwischen dem, was man fühlt, und dem, was man isst, hat Yuri in ihrem Restaurant ein wahres Gefühlslabor geschaffen. Ein Treffen mit Anziehungskraft.

Wie waren Sie in Ihrer Kindheit?
Ich habe viel gegessen. Meine Mutter hatte eine Kochschule. Ich wuchs umgeben von Menschen auf, die „das Essen liebten". Ich interessierte mich für das Kochen, hätte mir aber nie vorstellen können, es zu meinem Beruf zu machen.
Für mich war Kochen immer ein „Mädchending". Mir waren die Gespräche der Jungs aber lieber. Später ging ich zum Studieren nach England. Als ich zurückkam, hatte ich Lust, mit dem Kochen zu beginnen.

Was hat Sie beeinflusst?
Zunächst einmal das Gemeinsame am Kochen. Wenn man Hand in Hand arbeitet, bildet man eine Gemeinschaft, und das gibt uns Kraft. Für mich ist die Küche der beste Weg, um die Menschen zu treffen, die ich liebe, die die gleichen Dinge lieben wie ich. Und natürlich die Küche in meiner Familie.

Was bedeutet die Küche für Sie?

Kochen ist für mich eine Herzensangelegenheit, nichts Versnobtes.
Das Labor der Gefühle, das ich einrichten möchte, wird ein Ort kulinarischer Genüsse sein, die durch den Geschmack eines Gerichts Gefühle und Erinnerungen wachrufen.

Was ist das Gericht Ihrer Kindheit?

Ein Mimosenkuchen, den meine Mutter für unsere Gäste zubereitete. Wir hatten immer davon im Kühlschrank, wir hatten sehr viel Besuch. Und ich ging immer mal wieder daran vorbei und stibitzte mir ein Stückchen. Und noch eins ...

Welches ist das Kindheitsgericht in Japan?

Miso-Suppe.

Ich werde bald ein Labor der Gefühle eröffnen

JONATHAN SAFRAN FOER
電車男

#05

ÜBERNACHTEN IN DEN **REGALEN EINER BIBLIOTHEK**

Was gibt es Schöneres, als bei dem einzuschlafen, was man am liebsten tut? Für die Architekten Makoto Tanijiri und Ai Yoshida ist das die Lektüre eines guten Buches. Im siebten Stock eines Geschäftsgebäudes haben sie eine Bibliothek eingerichtet, die ihren Besuchern winzige Kojen für die ganze Nacht oder eine kleine Siesta bietet.

Einfach Lieblingsbuch, Manga, Reise- oder Abenteuerroman auf Englisch oder Japanisch schnappen, bequem machen und Vorhang schließen.

* Für Tagesbesucher stehen keine Betten zur Verfügung

BOOK AND BED TOKYO
LUMIERE BUILLDING
7F 1-17-7, NISHI IKEBUKURO,
TOSHIMA-KU

東京都豊島区西池袋1-17-7 ルミエールビル7階

Ab 5.000 Yen/Nacht;
500 Yen/Stunde
oder 1.500 Yen/4 Stunden

bookandbedtokyo.com/en/tokyo/index

Nicol
de Cr
ESPAÑA OCULTA
GO
CHIP KIDD
TO
AKIRA
AKIRA
AKIRA
AKIRA
鹿児島は
豊かである!

LUTELLA

#06

DAS LIEBLINGS-SUSHI **VON FRANÇOIS SIMON**

Ohne François Simon, den großen französischen Gastrokritiker, der weltweit auf der Suche nach besonderen Restaurantperlen unterwegs ist, hätten wir wohl nie von diesem Sushi-Restaurant gehört.

Ausfindig gemacht hat er es im Stadtteil Omotesando. Makoto, der Chef, ist seit 50 Jahren im Geschäft. Bevor er dieses kleine Restaurant mit diskretem Charme und freundlichen Mitarbeitern eröffnete, hatte er bereits an allen Ecken Tokios Sushi gerollt. Wer eintritt und *Omakase* sagt (japanisch für „Ich überlasse es Ihnen"), begibt sich in die Hände des Sushi-Meisters und überlässt ihm die Auswahl. Und hat kurz darauf eine erlesene, unvergleichlich gute Auswahl an Sushi, Sashimi, gegrilltem Fisch, Sardinen, Seezunge, Oktopus, Garnelen und Thunfisch vor sich – insgesamt 12 bis 15 Stück.

KIDOGUCHI SUSHI
B1F 5-6-3 MINAMI-AOYAMA,
MINATO-KU

東京都港区南青山5-6-3 メゾン
ブランシュ半地下

+81 3-5467-3992
Reservierung erforderlich

Mittagessen 3.000 Yen
Abendessen 20.000 Yen

- FRANÇOIS SIMON -

GASTROKRITIKER

François Simon ist der geheime Gastronomiepapst von Paris. Jeder kennt ihn, doch keiner hat ihn je gesehen. Im Verborgenen testet er sich durch die Restaurants. Als Wiederholungstäter in Sachen Japan-Reisen kennt er Tokio wie seine Westentasche.

Was fasziniert dich an Japan?

Japan hat mich die Rückkehr zur Unschuld gelehrt. Ich reise seit 25 Jahren nach Japan und irgendwann stellte ich fest, dass ich im Begriff war, eine viel zu festgefahrene Meinung über dieses Land zu haben. Ich war richtig versessen darauf, gefragt zu werden: „Was hältst du eigentlich von Japan?", weil ich auf alles eine Antwort hatte. Und plötzlich stelle ich fest, dass ich nichts mehr weiß. Ich habe alles vergessen und stehe da wie ein Kind, nur mit meinen Augen und der Erinnerung, ohne einen Verstand, der ständig alles zu strukturieren versucht.

Je besser es läuft, desto weniger weiß ich, und das fühlt sich gut an

Japan schmeckt wie ein Reiskorn

Wie schmeckt Japan?

Der Reiz eines Reiskorns besteht darin, es zu schaffen, im Moment des Hineinbeißens den weichen Kern von der Schale zu lösen.

Deine letzte Reise nach Japan führte dich nach …

… Sapporo. Ich sollte eigentlich ein schickes Restaurant testen, sagte meinem Begleiter jedoch, dass ich das wahre Sapporo kennenlernen wollte. Also gingen wir in ein alternatives Studentenrestaurant, in dem uns ein fröhliches, etwas staubiges Durcheinander erwartete, tranken Sake und diskutierten in allen möglichen Sprachen. Das meine ich damit, wenn ich sage, dass ich „bis ins Innerste des Reiskorns vordringen" will.

Man fühlt sich ganz klein, also hält man den Mund und genießt Japan im Stillen

Welche Art des Reisens empfiehlst du?

Ein Reisen, das zwei Berge überwindet: den der Vorurteile und den des Komforts. Denn hinter diesen beiden Bergen wird man durch wunderbare Entdeckungen belohnt. Zum Beispiel bei einem Onigiri im 7-Eleven um zwei Uhr morgens, auf einer Fahrt mit kleinen, langsamen Regionalzügen anstelle des Shinkansen, beim Verspeisen eines zuvor am Bahnhof gekauften Bento während der Fahrt, bei einer Übernachtung in der Jugendherberge, beim Durchstreifen unbekannter Stadtteile oder bei einem Besuch in einem kaum besuchten Museum. Wenn man sich zwingt, unbequeme Dinge zu tun, aus denen man so viel lernen kann.

Überwinden, was man ist, und Japan auf sich wirken lassen

#07

EIN TRADITIONELLES JAPANISCHES BAD **MIT GANZ VIEL GRÜN**

Die meisten nennen das Okada-yu aufgrund der vielen Pflanzen, die die Räumlichkeiten zieren, schlicht „botanisches Sento". Es ist das perfekte sentō (öffentliches Bad) für den Einstieg in die traditionelle japanische Badekultur.

Das Sento wird in dritter Generation von derselben Familie geführt und hält verschiedene Angebote bereit: Massage mit dem Wasserstrahl, ein Becken aus Hinoki-Holz (japanische Scheinzypresse), ein Kaltwasserbecken, ein Becken mit kleinen Kugeln (die die Haut samtweich machen), eine Sauna, ein Hamam und ein Außenbecken für Männer.

Im Entspannungsbereich finden die Gäste eine umfangreiche Bibliothek und eine kleine Bar.

OKADA-YU
3-43-2 SEKIBARA,
ADACHI CITY

東京都足立区関原3-43-2

+81 3-3886-3444

okadayu.com

ONSEN UND SENTO
WISSENSWERTES

Das heiße Bad ist die liebste Freizeitbeschäftigung der Japaner. Zur Reinigung des Geistes begibt sich die ganze Familie vor oder nach dem Abendessen in ein Onsen (heiße Quelle in freier Natur) oder ein Sentō (öffentliches Badehaus). Es gibt Bäder für Frauen und Bäder für Männer. Wichtigste Utensilien sind der Waschzuber und das Tenugui, ein kleines Handtuch, das zum Schutz der Haare oder zur Abkühlung als Kopfbedeckung getragen wird.

Entkleiden Sie sich:

Das Tragen von Badekleidung ist verboten.

Tätowierungen ebenfalls.

Einziges Kleidungsstück:

Ein kleines Handtuch (Tenugui) auf dem Kopf.

Begeben Sie sich zu den Duschen

Nehmen Sie einen Waschzuber

Setzen Sie sich auf einen kleinen Hocker

und waschen Sie sich gründlich.

Tauchen Sie in das Bad ein

Achtung: Das Wasser ist sehr heiß, etwa 42 Grad, manchmal mehr.

© PAOLO STA. BARBARA

#08

DER STERNEKOCH, **DER NICHTS MACHT WIE JEDER ANDERE**

Den ist der einzige Koch mit Michelin-Stern, der Humor hat. Wenn Sie den französischen Sternekoch Alain Passard nach seinem Tokioter Lieblingsrestaurant fragen, steckt er Ihnen diese Adresse zu. Sein Restaurant zählt zu den 50 besten weltweit. In jedem Gericht ist eine Überraschung versteckt, die den Gast fröhlich stimmt. Eine als lachendes Emoji geschnittene Karotte, eine bewusst im Salat versteckte Ameise ... Den hat Humor, und er gibt sich sehr viel Mühe damit. Seine Leidenschaft: das Image der traditionellen japanischen Küche für ein jüngeres Publikum zu entstauben. Es funktioniert.

JIMBOCHO DEN
ARCHITECT HOUSE HALL JIA
2-3-18 JINGUMAE, SHIBUYA-KU

東京都渋谷区神宮前2-3-18 建築家会館JIA館

+81 3-6455-5433
Reservierung erforderlich

jimbochoden.com

- DEN -

STERNEKOCH

Woher kam die Idee, auf diese überraschende Art zu kochen?

Von meiner Mutter. Sie war eine Geisha. Von ihr habe ich das Kochen gelernt, aber vor allem die Kunst, die Kunden zu unterhalten. Ich habe keine Kochschule besucht. Mein erstes Praktikum habe ich in ihrem Ryōtei (von Geishas geführtes Restaurant) absolviert. Die Kunden, die mit ihr unter einer Decke steckten, ließen meine Gerichte immer wieder in die Küche zurückgehen, um mich Demut zu lehren. Ich verstand, dass ich beim Kochen nicht an mich, sondern an den Gast denken musste. Denn wenn ich an ihn denke, denkt er an mich.

Welche Art von Gerichten kochen Sie?

Die einzige Art zu kochen, die ich beherrsche, ist die traditionelle japanische Küche. Leider ist diese bei den jungen Leuten heutzutage aber immer weniger beliebt. Es gibt zu viele Regeln. Das fand ich schade, also beschloss ich, sie mit Spaß und ohne Tabu dem Geschmack der Zeit anzupassen.

Meine Mutter war eine Geisha

Für mich ist das Kochen eine Sprache. Ich möchte, dass sich meine Gäste bei mir wie zu Hause fühlen. Übrigens gebe ich meinen Gerichten oft durch eine Zeichnung, ein Bild, einen Vornamen, irgendetwas, das ich von meinem Kunden weiß, eine persönliche Note.

Wie entstehen Ihre Kreationen?

Wir diskutieren viel im Team und stellen die Speisen gemeinsam nach unserer aktuellen Stimmung zusammen.

Zum Beispiel ist es in Japan unüblich, nach dem Essen einen Kaffee zu trinken. Also serviere ich stattdessen ein Dessert mit Cappuccino-Trüffel-Geschmack in einer Starbucks-Tasse. Als ich letztes Jahr einen Michelin-Stern verlor, schrieb ich „Starbacks" darauf, in der Hoffnung, dass ich den Stern zurückbekomme! Jedes Gericht hat seine Geschichte.

Die Ameise habe ich absichtlich in den Salat getan. Als Verweis auf die Ernährung unserer japanischen Vorfahren.

Welches ist der beste Rat, den Sie in Ihrem Leben erhalten haben?

„Die einzige Konstante im Leben ist die Veränderung." Das ist ein Rat meiner Mutter, den ich immer vor Augen habe, wenn ich koche. Sie ist heute 59 Jahre alt. Und immer noch Geisha!

#09

PAPIER
IN 1233 NUANCEN

Dieser Papiertempel wurde 1904 gegründet und erstreckt sich über 10 Stockwerke: 1000 Farbnuancen in Form von Umschlägen, Notizheften, Origamipapier, Geschenkpapier (das berühmte japanische Washi), Postkarten und Glückwunschkarten. Die Farben haben keine Nummern. Jede hat ihren eigenen, einzigartigen Namen: Schafleder, kleine Meerjungfrau ...

Künstler, Schriftsteller und Designer kommen hierher, um sich mit hochwertigen Papeterieartikeln zu versorgen. Wir haben das Geschäft mit 17 Stiften, 3 kg Papier und 5 Skizzenbüchern verlassen.

Unsere zwei Lieblingsetagen:
Der **2. Stock** („Letters") widmet sich der Briefpost. Auch Briefmarken und sogar einen Briefkasten findet man hier.
Im 10. Stock („Farm") wird frischer Salat geerntet, der anschließend im direkt darüber gelegenen Restaurant serviert wird.

ITOYA –
2-7-15 GINZA, CHUO-KU

東京都中央区銀座2-7-15

+81 3-3561-8311

ito-ya.co.jp

P270
P280
P390
P400
P510
P520

ITOYA

#10

MITTAGESSEN IN **EINEM JAPANISCHEN GARTEN**

Wenn Sie süchtig nach Tofu sind, sollten Sie Ihren Hunger unbedingt bei Tofuya Ukai, einem traditionellen Haus mit japanischem Garten im Stil der Edo-Zeit, stillen. Die Bedienungen tragen zur Arbeit den Hakama, einen traditionellen Hosenrock mit bequemem Schnitt.

Der Tofu ist hausgemacht und präsentiert sich in jeder nur denkbaren Form: als Age-Dengaku (auf Kohle gebacken und mit süß-salziger Miso-Paste verfeinert), Tosui-Tofu (vermischt mit Sojamilch und serviert in einer Keramikschale) oder Yuba (Tofustangen, eine Spezialität aus Kyōto).

Die Gäste lassen sich auf Tatami-Matten mit Blick in den herrlichen japanischen Garten nieder. Dann schließt sich die Schiebetür. Die lange Speisen-Zeremonie kann beginnen.

TOFUYA UKAI
4-4-13 SHIBA-KOEN, MINATO-KU

東京都港区芝公園4-4-13

+81 3-3436-1028
Reservierung erforderlich

ukai.co.jp/english/shiba

EXKURS IN DIE JAPANISCHE GESCHICHTE: DIE EDO-ZEIT

Die Edo-Zeit ist für die kulturelle Entwicklung Japans von besonderer Bedeutung. Zwischen 1603 und 1868 gab es nur wenig ausländischen Einfluss, sodass das Land begann, eine eigenständige lokale Kultur zu entwickeln. Das Kunsthandwerk der Edo-Zeit markiert maßgeblich die Geburt des traditionellen Japans, wie wir es heute kennen.

大川

TOFUYA UKAI

JAZZ
BLUE NOTE

DIE GRÖSSTE **BUCHHANDLUNG DER WELT**

Drei riesige Gebäude, quer darüber die 55 Meter lange „Magazine Street". Die Buchhandlung Tsutaya Daikanyama zählt zu den 20 schönsten Buchhandlungen der Welt und ist ein absoluter Tempel für Zeitschriftenliebhaber, ein modernes Labyrinth auf sechs Etagen, in dem man japanische und internationale Lektüre zu allen nur erdenklichen Themen – Literatur, Kochen, Reisen, Autos, Kunst, Architektur, Musik ... – findet. Und das bis zwei Uhr morgens. Schwindelerregend.

Tipp: Schauen Sie unbedingt im ersten Stock des zentralen Gebäudes vorbei. Hier finden Sie die Bücher-Lounge Anjin, wo Sie auf großen Sesseln gemütlich etwas trinken und dabei eine der 30.000 Vintage-Zeitschriften aus der ganzen Welt durchblättern können.

TSUTAYA
16-15 SARUGAKUCHO,
SHIBUYA-KU

東京都渋谷区猿楽町16-15

+81 3-3770-2525

real.tsite.jp/daikanyama/english/index.html

12

DIE KLEINSTE **BUCHHANDLUNG DER WELT**

Ein Raum, ein Buch: so lautet der Grundsatz dieser Mikro-Buchhandlung, die sich ganz dem japanischen Minimalismus verschrieben hat. Jede Woche wird ein neues Buch präsentiert und damit ein neues Universum, denn der Raum wird stets dem jeweiligen Buch angepasst. Man kann das Buch kaufen, seinen Verfasser kennenlernen oder sich einfach nur die dazugehörigen Objekte ansehen.

MORIOKA SHOTEN & CO
SUZUKI BUILDING 1F
1-28-15 GINZA, CHUO-KU

東京都中央区銀座
1–28–15 鈴木ビル 1F

+81 3-3535-5020

#13

GANZ EINFACH MAGISCH

In einer kleinen Straße in Ginza führt eine Tür in einen kleinen, vollständig schwarzen Raum mit einem großen Tisch und 8 Stühlen. Man geht hinein, man setzt sich. Zunächst bemerkt man mysteriöse Klänge, dann erscheint an den Wänden ein Bambuswald, Blumen beginnen zu sprießen, Schmetterlinge fliegen umher. Ein Blütenregen fällt auf den Tisch, der zu einem Fluss wird, während Ihr Teller sich als Schmetterling in die Luft erhebt. Sie befinden sich im digitalen Restaurant MoonFlower Sagaya Ginza, Art by teamLab. Es gibt nur wenige solcher Orte auf der Welt und dieser hier ist der zugänglichste. Es ist teuer. Aber so unbeschreiblich schön, magisch und köstlich, dass es sich für einen Besuch lohnt, einmal um die ganze Welt zu reisen.

MOONFLOWER SAGAYA GINZA,
ART BY TEAMLAB
PUZZLE GINZA 6F
2-5-19 GINZA, CHUO-KU

東京都中央区銀座 2-5-19
PUZZLE 銀座 6F

+81 3-6263-2525
Reservierung erforderlich

moonflower-sagaya.com

MOONFLOWER SAGAYA GINZA,
ART BY TEAMLAB

#14

EINE AUSSERGEWÖHNLICHE **GEBURTSTAGSPARTY**

In einer belebten Straße von Shibuya befinden sich zwei Restaurants direkt gegenüber voneinander: Das eine wird von Männern geführt, das andere von Frauen. Bei den Männern wird ganz in Ruhe Fisch gegessen; bei den Frauen werden singend Spießchen serviert. Zwei Küchen, zwei Ambientes, die mit einem Augenzwinkern einen Wettstreit daraus machen, die meisten Gäste auf der Straße abzufangen. Wir haben uns für unser Lager entschieden, das Frauenlager, das den großen Vorteil hat, dass man hier Geburtstag feiern kann wie nie zuvor.

Tipp: Rufen Sie an und sagen Sie, dass jemand an Ihrem Tisch Geburtstag hat. Wir verraten nicht, was dann geschieht ...

TEPPEN ONNA DOJO
41-23 UDAGAWA-CHO,
SHIBUYA-KU

東京都渋谷区宇田川町
41-23　第二大久保ビル1F

+81 3-5428-3698
Reservierung empfohlen

Ab 2.000 Yen

使用

#15

EINE AUS DER ZEIT **GEFALLENE MUSIC BAR**

Eine tiefe Liebe zu Vinyl, große Leidenschaft für das Sammeln von Schallplatten und der Wunsch, diese mit anderen zu teilen: das ist der Stoff, aus dem die Tokioter Music Bars gemacht sind. Grandfather's Bar ist dafür das beste Beispiel. In der kleinen Taverne in einem Keller von Shibuya verliert man schnell jegliches Zeitgefühl: das gedämpfte Licht, die Drinks, die Musik ... Welches Jahr haben wir nochmal? Hinter der Bar wählt der elegante Herr Ishikawa eine seiner 2000 Scheiben aus – von Rock über Soul bis hin zu Funk ist alles dabei – und legt sie auf den Plattenteller. Die Regel ist einfach: nur ein Song, danach wird gewechselt. So ist das hier seit 1971.

GRANDFATHER'S BAR
B1F FLAT BLDG, 1-24-7 SHIBUYA, SHIBUYA-KU

東京都渋谷区渋谷1-24-7渋谷フラットビルB1

Montags und am 31. Dezember

+81 3-3407-9505

grandfather.jp/shibuya
info@grandfather.jp

EINIGE JAPANISMEN

Es gibt japanische Wörter, die nicht übersetzt werden können, da sie einen Zustand, eine Stimmung, ein Gefühl beschreiben, das nur in der japanischen Kultur gegenwärtig ist. Wir haben für Sie unsere 6 Lieblings-„Japanismen“ ausgewählt.

Komorebi

木漏れ日

*SONNENSTRAHLEN

Sonnenlicht, das durch die Blätter der Bäume gefiltert wird.

Shinrinyoku

森林浴

*WALDBADEN

Ein Waldbad nehmen.

Tief in den Wald hineingehen, dorthin, wo alles Stille, Frieden und Entspannung ist.

Yuugen

幽幻

*DIE SCHÖNHEIT EINES ORTES

Wahrnehmung des Universums, die Gefühle auslöst, die zu geheimnisvoll und tief sind, um durch Worte ausgedrückt zu werden.

Shoganai

しょうがない

*DIE WECHSELFÄLLE DES LEBENS

„Da kann man nichts machen." Akzeptieren, dass etwas ohnehin außer Kontrolle und nicht zu ändern ist und man am besten einfach weitermacht.

Hijiame

肘雨

*ELLENBOGEN-REGEN

Im Japanischen gibt es 50 verschiedene Begriffe für Regen. Unser Lieblingswort ist der Ellenbogen-Regen: Er setzt so unvermittelt ein, dass keine Zeit bleibt, den Regenschirm herauszuholen, und man schnell die Arme über den Kopf hält.

Wabisabi

わびさび

*SCHÖNHEIT DER VERGEHENDEN ZEIT

Etwas ist nicht perfekt, vergänglich, abgenutzt? Genau das macht es zu etwas Schönem. Dieses ästhetische Verständnis von Zeit, die vergeht, bezeichnet Wabi-Sabi.

SOSAIBOU
4-1-9 MEGURO-HONCHO,
MEGURO-KU

東京都目黒区目黒本町4-1-9

+81 3-3710-4336
Reservierung erforderlich

Menü ab 7.000 Yen

#16

ZU GAST BEI **EINEM ALTEN PAAR**

Wo genau sind wir eigentlich? In ihrem Wohnzimmer? In ihrer Küche? In ihrem Restaurant?

Katsuro und Mieko sind die Inhaber von Sosaibou. Er ist der Poet und serviert Speisen, die an Milchstraßen erinnern. Sie ist fürs Feiern zuständig und serviert den Sake. Sie sind um die 80 und können ohne einander nicht leben: zwei kleine ältere Herrschaften, die seit 33 Jahren eine von den Mönchen inspirierte Zen-Küche anbieten. In ihren Gerichten sind alle Farben, Formen und Geschmäcker vereint. Für ihn ist es wie im Leben, mal bitter, mal süß. Man nimmt es einfach hin. Ein Ort, an dem Freude, Vernunft und ... Trunkenheit aufeinandertreffen.

DIE ZEN-KÜCHE

Auf Japanisch heißt sie Shojin Ryori: die Küche der Mönche, eine 800 Jahre alte Philosophie, die von den Jahreszeiten inspiriert ist und den Verzehr von Fleisch und Fisch, aber auch von Zwiebeln, Lauch, Knoblauch und anderen Wurzeln ablehnt, da die Pflanze durch ihre Entwurzelung dem Tode geweiht ist.

TOKIO,
5 UHR MORGENS

#17

MIT DEM FAHRRAD **DURCH TOKIO**

Yanaka ist der älteste Stadtteil von Tokio und einer der wenigen, die sich ihre Tempel, Holzhäuser und ruhigen Straßen bewahrt haben, auf denen nur das sanfte Geklapper von Fahrrädern zu hören ist. Apropos Fahrräder: Machen Sie es wie die Bewohner von Yanaka und drehen Sie eine Runde mit dem Rad. Bei tokyobike finden Sie Mieträder. Doch der Laden ist auch Coffee- und Lifestyle-Shop für Fahrradliebhaber (von denen es in Japan viele gibt), die ihr Rad in die U-Bahn, ins Büro und sogar ins Schlafzimmer mitnehmen. Die Instagram-Seite @tokyobike_jp ist ganz dem geliebten Drahtesel gewidmet.

TOKYOBIKE
4-2-39 YANAKA, TAITO-KU

東京都台東区谷中4-2-39

+81 3-5809-0980

tokyobikerentals.com

継承と創造

HALVA

喜
ときわ
谷中
Asahi
大 ASAHI BEER 20
2-9
三喜鮨

MIT DEM FAHRRAD IN YANAKA – 5 ERLEBNISSE

- Meditieren im Zen-Garten des Nezu-Schreins, einem traditionellen Shintō-Heiligtum
- Besuch bei SCAI The Bathhouse, einer zeitgenössischen Kunstgalerie in einem ehemaligen Onsen
- Umgedrehte Regenschirme und andere Designobjekte im Kunsthandwerkladen KONCENT Kuramae entdecken
- Tee verkosten und kaufen im Nakamura Tea Life Store, einem traditionellen Teehaus
- In der Papeterie Kakimori seinen individuellen Terminkalender oder seine eigene Tintenfarbe kreieren

#18

AUF EINEN YUZU-SAFT **IM NEZU-MUSEUM**

Manchmal braucht es nicht viel, damit ein einfacher Tag ein guter Tag wird. Zum Beispiel einen Besuch im Nezu-Museum für traditionelle Kunst in Minato: vorbei am Bambus-Paravent, den Kiesweg entlang, Eintrittskarte kaufen, durch die Ausstellungsräume hindurch ins Nezu Café huschen, an dem Tisch oberhalb des üppigen japanischen Gartens Platz nehmen, einen Yuzu-Saft bestellen, Nase an der Scheibe plattdrücken und ... genießen.

NEZU MUSEUM
6-5-1 MINAMI-AOYAMA,
MINATO-KU

東京都港区南青山6-5-1

+81 3-3400-2536
nezu-muse.or.jp/en

Der Besuch des Teesalons ist nur mit einer Eintrittskarte für das Museum möglich

GARTEN DES NEZU-MUSEUMS

2F

みや

#19

KLEINE STRASSE **GROSSER SPASS**

Nein, nicht die hier. Die andere. Alle Welt redet von dem berühmten Golden Gai, dem belebten Tokioter Ausgehviertel, in dem sich eine Bar an die andere reiht. Wir entführen Sie heute jedoch in die ungleich ruhigere „Gasse der Trunkenen“ mit ihren winzigen Sake-Bars, gleich hinter den Bahngleisen von Shibuya, einfach zu erkennen an den Leuchtgirlanden über dem Eingang. Unser Geheimtipp: die mit Graffitis übersäte Bar ganz am Ende der Straße. Der Eingang führt über eine kleine Treppe. Sie bietet Platz für 4 Gäste und die Möglichkeit, sich beim Karaoke zu versuchen. Bitten Sie den Besitzer um Unterstützung. Er singt gerne. Sie werden die Bar garantiert fröhlich und schwankend verlassen.

SHIBUYA NONBEI YOKOCHO
1-25 SHIBUYA, SHIBUYA-KU

東京都渋谷区渋谷一丁目25

Ideal nach dem Abendessen

#20

INNEHALTEN **IM GROSSSTADTTRUBEL**

Angeln in einer Metropole mit 14 Millionen Einwohnern? In Tokio ist das möglich – und das Ichigaya Fish Centre vermutlich einer der besten Orte der japanischen Hauptstadt, um beim Fischen einen Augenblick der Ruhe zu finden.

Seit 1950 haben die Einwohner dieses urbanen Giganten hier die Möglichkeit, dem Großstadttrubel zwischen Wolkenkratzern und Bahngleisen für einen Moment zu entfliehen. Es gibt zwei Becken: ein großes für erfahrene Angler und ein kleineres für Kinder und Anfänger. Abgerechnet wird nach Stunden, aber Vorsicht: die Fische müssen am Ende wieder freigelassen werden! Denn hier geht es nicht darum, sein Abendessen zu fangen, sondern die Atmosphäre dieses ganz besonderen Ortes zu genießen.

ICHIGAYA FISH CENTER
1-CHŌME-1 ICHIGAYATAMACHI,
SHINJUKU CITY

東京都新宿区市谷田町１－１

ichigaya-fc.com

#21

CHECK-IN
IN EINEM LOVE HOTEL

Sie haben in den Straßen von Tokio eine aufregende Bekanntschaft gemacht, Ihr Hotel ist aber leider zu weit weg? Kein Problem. Die Lösung lautet Love Hotel! Wie der Name schon sagt, checkt man in sie ein, um sich zu lieben. Es gibt davon in der Stadt Hunderte für jeden Geschmack und jeden Bedarf. Die Liebesnester entstanden in den 1950er-Jahren, als die Japaner in ihren oft winzigen Wohnungen nicht ausreichend Raum für Zweisamkeit fanden.

Heute läuft in den Love Hotels aus Diskretionsgründen nahezu alles automatisch ab. Dazu gibt es meist eine mannigfaltige Auswahl von Sextoys, und in den thematisch eingerichteten Zimmern bleiben keine Wünsche offen: von Schule über Weihnachten bis hin zu Ufos ist alles dabei.

Die meisten Gäste bleiben nur ein paar Stunden, manche aber auch die ganze Nacht ...

LOVE HOTELS

Weitere Informationen und eine Auswahl von Love Hotels auf: matcha-jp.com/en/12470 (Website auf Englisch)

22

EINE NACHT **IM ALTEN TOKIO**

Erwachen auf einer Tatami-Matte. Die Nachbarn begrüßen und anschließend mit dem Fahrrad die Gassen des Viertels erkunden: Tauchen Sie ein in das lokale Leben von Hanare, einer Mischung aus Gästehaus, Hotel und traditioneller Herberge im ruhigen Stadtteil Yanaka.

Bei Hanare ist gewissermaßen die ganze Stadt das Hotel. Ihre Wege sind die der Menschen, die hier leben. Nach der Nachtruhe in einem Zimmer am Beginn einer Straße gehen Sie zum Frühstück an das andere Ende der Straße. In der Straße um die Ecke besuchen Sie das Sentō (öffentliches Badehaus). Am Abend ziehen Sie ihre Geta (traditionelle japanische Holzsandalen) an und betreten Ihr leeres Schlafzimmer, wo Sie selbst auf der Tatami-Matte Ihre Decke und Ihren Futon ausbreiten. Licht aus und gute Nacht!

HANARE
HAGISO, 3-10-25 YANAKA,
TAITO-KU

東京都台東区谷中3-10-25
HAGISO

+81 3-5834-7301
hanare.hagiso.jp/en

Zimmer ca. 20.000 Yen

23

KLASSISCHE MUSIK IN EINER BAR AUS DEN 1950ER JAHREN

Das Lion Café ist einer der magischsten und ungewöhnlichsten Orte von ganz Tokio. Inmitten des wilden städtischen Treibens und der vielen Sexshops von Shibuya betritt man hier eine andere Welt, die wie aus der Zeit gefallen wirkt und ihren Gästen die Möglichkeit bietet, vor einer Büste des großen Beethoven und drei Meter hohen Boxen bei klassischer Musik entspannt einen Kaffee oder eine Erdbeermilch zu schlürfen. Ein Juwel.

Um das wirklich außergewöhnliche Ambiente maximal auszukosten, machen Sie es wie die anderen Besucher: Augen schließen, hören und genießen.

Die 1923 ursprünglich als Lion Bar (offiziell Meikyoku Lion Café – Meikyoku bedeutet auf Japanisch „Meisterwerk") eröffnete Location empfing nach dem Zweiten Weltkrieg ab 1950 wieder Gäste. In einer Zeit, da eine eigene Stereoanlage noch ein unerhörter Luxus war, den sich nur wenige leisten konnten, gingen die Menschen, um zu entspannen und Musik zu hören, in spezielle Cafés, von denen das Lion heute eines der letzten noch verbliebenen ist.

LION CAFÉ
2 CHOME-19-13 DOGENZAKA,
SHIBUYA CITY

東京都渋谷区道玄坂2-19-13

+81 3-3461-6858

lion.main.jp

#24

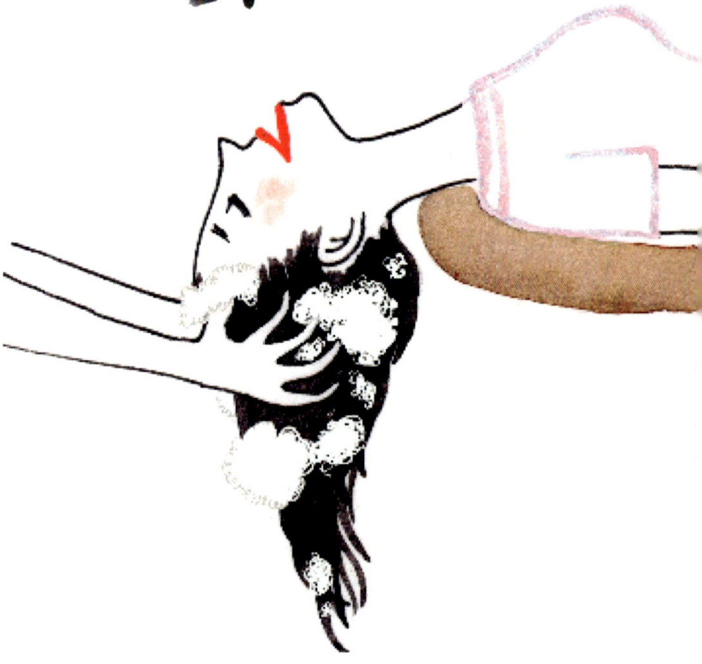

ERHOLUNG PUR
BEI EINEM HEAD SPA

Die Kopfmassage ist in Japan ein Ritual, das viele Japaner regelmäßig zur Erholung nach einem anstrengenden Tag nutzen. Wo? In sogenannten Head Spas, kleinen Wellness-Tempeln, die sich ganz der Haar- und Kopfpflege widmen. Wir verraten Ihnen unsere 3 Lieblingsadressen für eine Kopfmassage wie im siebten Himmel.

> DER SCHÖNSTE:

Lächerlich – Ridicule. Ja, so heißt dieser in einer kleinen Wohnung eingerichtete Salon im Bohémien-Style tatsächlich. Spezialität des Hauses ist der „Head Spa", eine göttliche Kopfmassage.

RIDICULE
3-31-13 JINGUMAE,
SHIBUYA-KU

東京都渋谷区神宮前3-31-13

+81 3-3478-7332
Reservierung erforderlich

ridicule.jp

> DER ERHABENSTE:

Zugegeben, er liegt nicht gleich um die Ecke, doch der Umweg lohnt sich: Im Cocona Hair Spa werden Ihnen die Haare in der Hängematte gewaschen, massiert und frisiert.

COCONA
2F-3F 3-16-1 KOENJI-KITA, SUGINAMI-KU

東京都杉並区高円寺北3-16-1
田中ビル2.3階

+81 3-5356-6543
Reservierung erforderlich

salon-cocona.com

> DER EXAKTESTE:

Bei Uka werden Ihre Haare und Ihr Kopf zunächst genau analysiert. Anschließend führt man Sie in einen kleinen Behandlungsraum, wo Sie passend zur Tageszeit die Wahl zwischen einem beruhigenden Shampoo (Nighty night) mit Kamille, Lavendel oder Rosmarin und einem belebenden Shampoo (Wake up) auf Pfefferminzbasis haben. Bei der Haarwäsche werden die Energiepunkte des Kopfes und des oberen Nackens mit wechselndem Druck massiert. Zum Schluss werden Ihre Haare in ein Wärmehandtuch eingewickelt und frisiert. 45 Minuten später verlassen Sie den Salon auf einer kleinen Wolke.

UKA TOKYO MIDTOWN
TOKYO GALLERIA 2F
9-7-4 AKASAKA, MINATO-KU

東京都港区赤坂9-7-4 東京ミッドタウン ガレリア2F

+81 3-5413-7236
Reservierung erforderlich

uka.co.jp/salons/midtown

COCONA HAIR SPA

#25

BEWERBUNG **FÜR EIN RESTAURANT**

In diesem Restaurant reserviert man nicht einfach einen Tisch. Wer im Bohemian speisen möchte, muss sich darum bewerben oder jemanden kennen, der jemanden kennt, der ...

Die Gründe dafür liegen auf der Hand: Es gibt nur zwei Tische und Kazu, der Küchenchef, ist eine Lichtgestalt seines Métiers. Seine Leidenschaft gilt dem Kochen – an den verrücktesten Orten der Welt.

Ob Fisch, Paprika, Mais, Muscheln, Pilze oder Spieße: Kazu bereitet alle Speisen nach Tradition der Fischer von Hokkaido, die auf ihren Booten kochten, über dem Feuer zu. Die Gäste versammeln sich um den Irori, einen traditionellen Tisch mit Feuerloch in der Mitte. Ohne Schuhe sorgen kleine Kugeln für eine angenehme Fußmassage. Die Zeremonie kann beginnen.

Wir wollen mal nicht so sein. An diese E-Mail-Adresse können Sie Ihre Bewerbung senden: kazu@playearth.jp

BOHEMIAN SECRET

Bewerbungsschreiben per Mail an: kazu@playearth.jp

26

DAS BESTE SANDWICH **IHRES LEBENS**

Es ist zugegebenermaßen das teuerste Sandwich in ganz Tokio, aber Sie werden es Ihr Leben lang nicht vergessen. Willkommen im Club WagyuMafia!

Auf dem Menü stehen hier Sandwiches mit Wagyū, dem Fleisch einer der besten Rinderrassen weltweit, das im Mund zergeht wie Karamell. Das verspielt in kleine Würfel geschnitten dargebotene Fleisch wird mit Panko paniert und mit einer geheimen Soße serviert. Eingezwängt zwischen zwei Scheiben japanischen Brots blickt es von seinem Thron gelassen auf Sie herab, wohlwissend, dass Sie nicht bereit sind, es je zu vergessen!

WAGYUMAFIA
THE CUTLET SANDWICH
1 CHOME-26-1-108 KAMIMEGURO,
MEGURO-KU

東京都目黒区上目黒1-26-1
中目黒アトラスタワー 1F

Für mehr Informationen und zur Reservierung besuchen Sie die Website
exploretock.com/wagyumafiathecutletsandwich

"RENÉ MAGRITTE DINNER FOR DELVAUX" 2015
© MASAYUKI SAITO

#27

KUNST ESSEN

Wir kennen weder die Adresse noch die anderen Teilnehmer. Bis zur letzten Minute wissen wir nicht, was passieren wird. Das Einzige, was wir wissen, ist, dass es ein denkwürdiger Abend wird. Die geheimnisvolle Ayako Suwa ist eine Performancekünstlerin, die in Tokio Guerilla-Restaurants organisiert, in denen die geladenen Gäste kulinarisch Außergewöhnliches erleben und essen wie nie zuvor.

Wie Sie es auf die Gästeliste schaffen, müssen Sie selbst herausfinden ...

FOOD CREATION

Veranstaltungsinformationen finden Sie im Internet unter foodcreation.jp

"TASTE OF PHOTOGRAPHY" 2015

"TASTE OF LUNASOL" 2015
© LUNASOL

- AYAKO SUWA -

FOOD ARTIST

BILDNACHWEIS: ITTETSU MATSUOKA

Die Künstlerin Ayako Suwa hat für Dior, Agnès B, zeitgenössische Kunstmuseen und große Küchenchefs gearbeitet. Ihre Leidenschaft ist es, den Geschmack von Emotionen auf den Gaumen zu übertragen. Sie hat den Geschmack der Angst langsam mit dem des Entsetzens vermischt, dem der Schuld, des Stolzes, der Melancholie ... Ayako macht aus dem Kochen eine tiefgreifende Lebenserfahrung.

Wann entstand bei Ihnen die Lust auf ein eigenes Guerilla-Restaurant?

Mit 4 Jahren. Ich wuchs in der Natur auf, die mir Angst machte, mich gleichzeitig aber auch anzog. Die Quallen im Meer, die Insekten in den Blumen: Das faszinierte mich. Also machte ich aus meiner Spielküche ein Guerilla-Restaurant. Es gab tote Insekten, Pollen und Blüten. Ich lud jüngere Spielkameraden ein, die alles aßen. Sie wussten nicht, was es war.

> Man isst, um zu leben; man kostet, um sich weiterzuentwickeln

Was bildet die Basis für Ihre Inspiration?

Sehnsucht, Neugier und die Lust zu essen. Wenn ich Leuten auf der Straße begegne frage ich mich oft, was sie wohl essen oder wie sie leben.

Was ist Ihre neueste Entdeckung?

Das war im Meer, Algen, die ich noch nie gesehen hatte, mit

eigenartiger Form. Bei Lebensmitteln suche ich nicht nach gutem Geschmack, sondern nach dem Überraschenden.

Wie funktioniert ein Guerilla-Restaurant?

Die Gäste tauchen gleich nach der Ankunft in ein eigenes Universum ein. Bei Tisch gelten feste Regeln: Augen schließen, mit den Händen essen und alle Gäste stecken gleichzeitig alles auf einmal in den Mund, um allen dasselbe Geschmackserlebnis zu bieten.

Wie stellen Sie sich Ihre künftigen Guerilla-Restaurants vor?

Ein bisschen wie eine Zeremonie. Meine Bedienungen sind Künstler, denen ich eine Rolle, einen Charakter zuweise. Die Frage, die ich mir jedes Mal stelle, lautet: Wie kann ich den Geschmack dieser Erfahrung am besten ausdrücken? Wie komme ich so an die Gäste heran, dass sie das Restaurant mit einer bleibenden Erinnerung verlassen?

Das Einzige, was ich gerne esse, ist das Bizarre

"JOURNEY ON THE TABLE WITH VVG TAIPEI" 2012
© VVG

HOSHINOYA KARUIZAWA, KITASAKU-GUN, NAGANO

長野県北佐久郡軽井沢町長倉2148

Nur für besondere Anlässe, da sehr teuer
Ab 52.000 Yen/Nacht

+81 50-3786-1144
Reservierung erforderlich

hoshinoya.com/karuizawa/en

#28

EINE MAGISCHE NACHT VOR DEN TOREN DER STADT

> EIN LUXUS-RYOKAN

Verlassen Sie den Tokioter Mikrokosmos für eine Nacht und entfliehen Sie an einen traumhaften Ort, der wie aus einem Film von Miyazaki anmutet: das inmitten eines Waldes in Karuizawa gelegene Hotel Hoshinoya, ein großes Ryokan mit ruhigem Onsen, gepflasterten Wegen und kleinen Holzpagoden am Ufer eines Sees. Wenn es dunkel wird, gleitet leise ein Boot unter Ihrem Fenster vorbei, um die Dutzenden schwimmenden Laternen zu entzünden, die die Nacht wie Glühwürmchen erhellen. Die Zimmer in den Pagoden verfügen über ein eigenes Bad, Sie können aber auch bei gedämpftem Licht in das heiße Meditation Bath steigen.

Von Tokio 1 Stunde mit dem Shinkansen

WAS IST EIN RYOKAN?

Ein Ryokan ist eine traditionelle japanische Herberge mit regionalen Materialien (Holz, Bambus, Reispapier, Tatami) und minimalistischem Mobiliar (niedrige Tische, Schiebetrennwände, Futons), dessen Anordnung immer wieder verändert wird, da die Räume sowohl als Wohn- als auch als Schlafzimmer dienen. In Tokio gibt es nur wenige Ryokans. In Kyoto und auf dem Land ist diese Form der Unterkunft deutlich stärker verbreitet.

HOSHINOYA KARUIZAWA

> EIN PRIVATES FREILUFTBAD IN DEN BERGEN

Das Ryokan Kazekomichi mit seinen Zimmern mit Meerblick liegt in der schönen, von Palmen gesäumten Küstenstadt Atami.

Die schönste Stimmung bietet sich morgens bei einem entspannten Bad auf der zimmereigenen Terrasse mit Blick auf den Sonnenaufgang über dem Meer.

Von Tokio 30 Minuten mit dem Shinkansen

WATEI-KAZEKOMICHI
28-18 BAIEN-CHO, ATAMI,
SHIZUOKA

静岡県熱海市梅園町28-18

Ab 38.000 Yen für zwei Personen	contact@kazekomichi.jp	kazekomichi.jp/en

DER DISKRETE CHARME DES SHINKANSEN

Allein die unvergleichliche Schönheit der japanischen Landschaft lohnt die Reise mit dem Zug. Von Tokio aus bringen Sie zahlreiche Regionalzüge sowie der Shinkansen, der japanische Hochgeschwindigkeitszug, an die verschiedensten Orte.
Vergessen Sie vor dem Einsteigen nicht, sich bei Ekibenya Matsuri (in der Bahnhofshalle) noch ein Bento zu holen, das Sie dann mit Blick auf die vorbeiziehende Landschaft im Zug verspeisen können.

> DAS BESTE ONSEN JAPANS

Das Kusatsu Onsen in der Stadt Kusatsu wurde aufgrund der therapeutischen Qualität seines Wassers sowie der Schönheit der heißen Quellen, die das Stadtzentrum in kleinen Bachläufen durchkreuzen, zum besten Onsen Japans gekürt. Verbringen Sie den Tag in diesem Onsen und übernachten Sie im Hotel Boun.

Fahrt im Shinkansen + Regionalzug ca. 2,5 Stunden

KUSATSU ONSEN BOUN
433-1 KUSATSU-MACHI,
AGATSUMA-GUN, GUNMA

群馬県吾妻郡草津町433-1

Ab 30.000 Yen
für zwei Personen

+81 279-88-3251

hotelboun.com

628
629
630
632
631
630
629
606
605
604
603
60

#29

ÜBERNACHTEN **IN EINEM KAPSELHOTEL**

Kapselhotels, in denen man aus Platzgründen keine Zimmer, sondern nebeneinanderliegende Schlafkabinen mietet, gibt es in Tokio wie Sand am Meer. Wer unter Klaustrophobie leidet, sollte diese Form der Übernachtung meiden. Unser Favorit ist das Nine Hours, in dem die Gäste nur „neun Stunden" – oder vielleicht ein wenig mehr – verbringen, um sich auszuschlafen. Das Design gleicht einer intergalaktischen Raumstation und vereint den Stil und die Technologie, um die wir Japan so sehr beneiden: Leuchtwecker, ergonomische Kopfkissen, Pyjama und Hausschuhe inklusive.

9 HOURS SUIDOBASHI,
3-10-1 KANDAMISAKI-CHO,
CHIYODA-KU

東京都千代田区三崎町3丁目10-10番1号

Ab 3.600 Yen	+81 50-1807-1533	ninehours.co.jp/suidobashi

#30

DAS VERRÜCKTESTE MUSEUM

Das teamLab haben wir Ihnen ja bereits weiter vorne vorgestellt. Nun haben sie erneut zugeschlagen, mit einem verrückten Projekt, das wir in letzter Minute unbedingt noch ergänzen wollten. Es handelt sich um das neu eröffnete Mori Building Digital Art, ein weltweit einzigartiges Museum, in dem die Besucher nie zweimal dasselbe sehen. Warum? Weil die Werke lebendig sind und über rund 500 Projektoren und Computer live auf den Kontakt der Besucher reagieren. Hier ein Wasserfall, der eine Wand hinunterstürzt, dort ein Spaziergang durch einen Wald aus Hängeleuchten oder entlang eines virtuellen Reisfelds. Ihre Mission? Zeigen, dass die Welt grenzenlos ist. Ziel erreicht.

MORI Building DIGITAL ART MUSEUM: teamLab Borderless
AZABUDAI HILLS GARDEN PLAZA B B1
1-2-4 AZABUDAI, MINATO-KU

東京都港区麻布台1-2-4

+81 3-6368-4292

teamlab.art/e/borderless-azabudai

MORI BUILDING DIGITAL ART
MUSEUM: TEAMLAB BORDERLESS

WIR DANKEN

AURÉLIE R dafür, dass sie die Erste war, die Fany Tokio gezeigt hat.
IKUMI dafür, dass sie sie auf all ihren Wegen begleitet und 1001 unglaubliche Telefonate für uns geführt hat.
IWONKA dafür, dass sie wahre Adressenschätze aufgestöbert, fantastische Orte entdeckt und für uns die Quadratur des Kreises geschafft hat. Und für jedes unserer saketrunkenen Lachen.
AKO dafür, dass sie uns unzählige unglaubliche Menschen vorgestellt und unsere unerhörtesten Gespräche übersetzt hat.
OUSSAMA dafür, dass er es in Japan mit uns hat krachen lassen.
KANAKO, AURÉLIE S UND FABIAN dafür, dass sie die Seele dieser Stadt in Bilder und Zeichnungen übertragen haben.
THOMAS J unserem Expeditionsleiter.